CHANSONS

NOUVELLES.

Paris.

DE L'IMPRIMERIE DE AUGUSTE AUFFRAY,

PASSAGE DU CAIRE, Nº 54.

1831.

CHANSONS

NOUVELLES.

A ma Nièce Pauline.

Un Magistrat irréprochable.

CERTAINES chansons très-communes
Dormaient dans un tiroir poudreux,
Mais tu le veux, et quelques-unes
Prennent un vol aventureux.
En voici vingt que je t'adresse,
Vois mes enfans avec bonté;
Indulgence pour leur faiblesse
En faveur de la parenté!

J'aurais quelqu'excuse peut-être
Pour des chants peu mélodieux,
Apollon, notre divin maître,
Est le plus exclusif des Dieux;
D'un triste anathème il nous frappe,
Quand à d'autres l'on a recours,

1

Et moi, par malheur, d'Esculape
Souvent j'implore le secours.

Oui, d'une santé fugitive,
Tout, hélas! en moi se ressent;
Ma pensée est déjà moins vive,
Je me trouve froid et pesant...
Pauvre d'esprit, dans ma détresse
Près du riche il faudra quêter,
Et c'est dire, petite nièce,
Que nous irons te visiter.

CHANSONS.

COUPLETS

Pour le Mariage de Louise.

AIR : *Pégase, etc.*

BIEN fou, dit-on, qui se marie !
L'hymen est un jeu dangereux :
A cette triste loterie
Les mauvais lots sont trop nombreux...
Soit : mais regrette-t-on sa mise,
Quand on amène un bon billet?
Heureux qui te gagne, ô Louise !
On doit envier son secret.

Tes doux regards peignent ton âme;
De ta bonté l'on est touché,
Et je gage que mainte dame
Voudrait bien, sans l'avoir cherché,
Trouver comme toi l'art de plaire....
Mais qui donc s'en étonnerait?

On sait que jamais bonne mère
Pour ses enfans n'eut de secret.

De l'hymen conscrit réfractaire,
Me sied-il d'élever la voix?
Mais il est un sermon à faire
Grand parent, j'use de mes droits....
Ne va pas t'endormir d'avance,
Trois mots, et mon sermon est fait :
Estime, amitié, confiance,
Des bons époux c'est le secret.

Et toi qui d'un illustre père
Suis, jeune encor, les nobles pas,
Fournis dignement ta carrière,
En chemin ne t'arrête pas;
Puis frappe au temple de Mémoire
Où ton fauteuil est déjà prêt :
Charge toi du soin de ta gloire;
Ton bonheur sera son secret.

A Mademoiselle Fanny,

PARTANT POUR BOURBON.

(Juin 1830.)

Air : *Ainsi jadis un grand Prophète.*

L'Afrique, aujourd'hui pour la France
C'est Alger... Mais qu'importe Alger?
Ce n'est point votre résidence,
Et nous n'y voulons pas songer :
Laissant donc un traître historique
Sous ses murs chercher le bâton,
Désormais dans toute l'Afrique
Nous ne verrons plus que Bourbon.

Quand du zéphyr la fraîche haleine
Ici viendra nous caresser :
« Et notre Fanny l'Africaine !
Il faut, dirons nous, y penser....
Une canicule éternelle
Règne en sa lointaine prison :
Doux zéphyrs, prenez pitié d'elle,
Et Soufflez, soufflez sur Bourbon.

Quand nous trouverons femme aimable
Qui n'ait rien de prétentieux,
Au doux langage, à l'air affable,
Au souris fin et gracieux;
Des tendres sœurs parfait modèle,
Et dont le cœur sincère et bon
Pour ses amis soit plein de zèle,
Nous penserons tous à Bourbon.

De ma chanson l'excuse est prête,
Si les couplets semblent trop plats....
Sur votre départ je l'ai faite :
La tristesse n'inspire pas.
Le plaisir seul nous met en verve :
Aussi ferai-je une chanson,
Vraiment digne qu'on la conserve,
Quand vous reviendrez de Bourbon.

Le Dey d'Alger

A CHARLES X.

(Août 1830.)

Air : *Du Ballet des Pierrots*.

QUEL plaisant jeu de la fortune !
A peine m'as-tu renversé,
Ma chute te devient commune ;
On te chasse, tu m'as chassé,
Dans le malheur plus de distance ;
Rapprochons-nous, Turc et Chrétien,
Embrassons-nous, ex-roi de France :
Ex-dey d'Alger je te vaux bien.

Mais avance donc ! qui t'arrête ?
Dois-je seul faire tous les pas ?....
Eh quoi ! tu détournes la tête
Lorsqu'un ami t'ouvre les bras !
Tu me repousses et murmures :
« Loin de nous vil Algérien... »
Ah Charles ! crois-moi, point d'injures,
Car le dey d'Alger te vaut bien....

Tu dis que traître à ma parole
Je me fis un jeu des traités....
Les croyant un lien frivole,
Oui, je les ai peu respectés;
Mais conviens-en : à l'imposture
Ton cœur s'ouvrait comme le mien;
Rheims éternise ton parjure.
Va, le dey d'Alger te vaut bien.

Environné de mes maîtresses,
Par fois despote nonchalant,
Tout en recevant leurs caresses
Je donnai maint ordre sanglant...
Quand Raguse, à ta voix docile,
Mitraillait le Parisien,
Dans Saint-Cloud tu jouais * tranquille...
Ah! le dey d'Alger te vaut bien.

Puisque ta grandeur est détruite,
Adopte un costume nouveau :
Par une robe de jésuite
Remplace ton royal manteau....
Moi, derviche je vais me faire;
Ainsi formons un doux lien,
Car, ou Turcs ou Chrétiens, mon frère,
Deux capucins se valent bien.

---

* Il fit, dit-on, son Whist, les 28 et 29 juillet.

Réponse du petit Duc

AU PETIT ROI [*].

(Août 1830.)

Air : *Daignez m'épargner le reste.*

Après un long temps écoulé
Je te réponds.... Si dans ma gloire
Je t'oubliais, pauvre exilé,
Le malheur me rend la mémoire....
Ah ! quels prophétiques avis
Dans ta lettre aujourd'hui trop claire !
De Vienne tu me l'écrivis,
Et moi, je vais en Angleterre.

En vain main flatteur tonsuré
M'appella l'enfant du miracle,
Et je fus en vain célébré
Par plus d'un poétique oracle ;

[*] Voir, dans *Béranger*, la *Lettre d'un petit Roi à un petit Duc.*

Le Louvre, hélas! est de nouveau *
En proie au géant populaire;
Il brise mon royal berceau,
Et moi, je vais en Angleterre.

Paladins de la royauté,
Allons, c'est l'instant de paraître....
Ah! fanfarons de loyauté,
Je vous cherche, où pouvez-vous être?
Mais on montre aux Pairs mon drapeau....
C'est un champion ** solitaire;
Sa voix n'a point trouvé d'écho,
Et moi, je vais en Angleterre.

De tous nos anciens courtisans
Le nouveau prince s'environne,
Et nos maréchaux complaisans
Sont là pour offrir la couronne...
Cousin, rien ne peut les changer :
Ils l'avaient offerte à ton père,
Ils l'offriraient au dey d'Alger,
Et moi, je vais en Angleterre.

Si ton père victorieux
Eût, moins ivre de sa puissance,
Arrêté son aigle orgueilleux;

* De nouveau, à cause du 10 août.
** M. de Châteaubriand.

Ou si comprenant mieux la France,
Mon aïeul eût fait quelques pas
Pour suivre un siècle où tout s'éclaire,
A Vienne tu ne serais pas,
Je n'irais point en Angleterre.

Rayés de la liste des rois,
J'entends notre orgueil qui murmure :
« Du sang, et rentrez dans vos droits.... »
Ah ! plutôt une vie obscure !
Oui, de la retraite amoureux,
Sans la couronne héréditaire,
A Vienne tu peux être heureux,
Moi, je puis l'être en Angleterre.

LE

Marchand de Curiosités.

Air : *De la Treille de sincerité.*

Dans ma boutique
A chaque pratique,
Marchand de curiosités,
Je puis offrir des raretés,

Avec soin je suis chaque vente,
Je fais des achats en tous lieux;
A Rome, en Grèce je brocante,
Tableaux, antiques précieux.
J'ai des parures pour nos belles ;
J'ai des jouets bien assortis,
Des hochets et des croix nouvelles
Pour nos enfans grands et petits.
  Dans ma boutique, etc.

Jadis en Chine eut cette canne
Un procureur conciliant :

Dans les détours de la chicane
Il n'égarait point son client....
Avoués, infidèles guides
Du pauvre plaideur qui vous croit,
Plus de biaisemens perfides !
Prenez ma canne et marchez droit.

  Dans ma boutique, etc.

De la doyenne des vestales
La couronne est là sous vos yeux;
Voyez ces roses virginales,
Que leur éclat est merveilleux !
Nymphes, que l'on voit apparaître
A l'Olympe-Lepelletier,
Ces roses vous iraient... peut-être :
Laissez-moi vous les essayer.

  Dans ma boutique, etc.

Le maître de cette écritoire,
Gazetier fort original,
A la vérité rendait gloire
Et n'écrivait rien de banal :
Grâce à cet encrier, son style
Brillait toujours spirituel....
Ah! pour toi quelle emplette utile,
Grave Constitutionnel!

  Dans ma boutique, etc.

D'un saint prélat voyez la crosse !
A la politique étranger,
Tout aux devoirs du sacerdoce,
Il se crut un simple berger.
Jamais ce pasteur qu'on regrette
Ne voulut, comme Loyola,
Faire un sceptre de sa houlette....
Mons De Latil, achetez-la....
        Dans ma boutique, etc.

Ce porte-feuille d'excellence
Est d'une très-grande valeur,
Car d'une illégale ordonnance
Jamais il ne fut receleur....
Il est maintenant à l'enchère :
A Mânen * je l'aurais cédé,
Mais pour son prochain ministère
Polignac me l'a demandé.
        Dans ma boutique, etc.

Trop heureuse prérogative !
D'un vote vénal vierge encor,
Voici l'urne législative
Des sauvages du Labrador....
A Ravez je l'offris naguères,
Mais sa Chambre n'en voulut pas.

* La bête noire des Belges.

Nous avons d'autres mandataires :
Me feront-ils perdre mes pas ?
    Dans ma boutique, etc.

Ce vieux buste passait pour être
Celui du sénateur Quintus,
Qui jamais, tout au nouveau maître,
N'alla de Néron à Titus....
Ce buste est fort beau comme antique :
Mais un connaisseur très-savant
Prétend qu'il n'est pas historique....
C'est le prince de Bénévent.
    Dans ma boutique
    A chaque pratique,
Marchand de curiosités,
Je puis offrir des raretés.

Charles x aux Chambres.

(Octobre 1830.)

Air : *De la Pipe de Tabac.*

Vous avez fermé ma cuisine,
Messieurs les Députés et Pairs;
Il faut cependant qu'un roi dîne,
Et les dîners anglais sont chers.
Rétribuez donc ma disgrâce :
En partant, je n'ai pour tout bien
Emporté qu'un fusil de chasse
Et le Manuel du Chrétien.

De laisser ma bourse en souffrance
Qu'on soit chez vous humilié;
Car moi, l'ex-maître de la France,
Je suis un objet de pitié.
Chacun dit partout où je passe :
« D'un Roi le pauvre homme n'a rien,
Il n'a rien qu'un fusil de chasse
Et le Manuel du Chrétien. »

En m'apportant de bons subsides,
Bourmont * aurait pu m'enrichir ;
Mais il me revient les mains vides :
« Sire , il a fallu me blanchir..... ** »
Hélas ! tout l'or d'Afrique y passe :
Et grâce à mon Algérien,
Je n'ai plus qu'un fusil de chasse
Et le Manuel du Chrétien.

Dans l'exil, dit-on , un roi sage
Amasse des biens précieux ;
Mais, pour traîner un lourd bagage,
Moi, je me sens un peu trop vieux :
Si donc mon sort change de face,
Je reviens, ne rapportant rien,
Rien vraiment qu'un fusil de chasse
Et le Manuel du Chrétien.

* On le disait alors à Lulworth.
** Allusion aux caisses envoyées à Toulon, et étiquetées :
linge sale du général.

A mon petit Neveu.

(Octobre 1830.)

AIR : *J'ai vu partout dans mes Voyages.*

PETIT neveu, je te salue ;
Reçois les vœux d'un bon parent....
Mais au loin tu portes la vue :
Le monde te semble bien grand ;
Ah ! ne crains pas ce long voyage,
Un bon père te tend la main ;
Ta mère te sourit.... Courage,
Petit, qu'on se mette en chemin.

Te tromper serait mal sans doute ;
On trouve des pas dangereux ;
Quelques écueils sont sur la route,
Le ciel est parfois ténébreux....
Mais, fais que ton esprit s'éclaire ;
Sois doux, indulgent, sois humain ;
Puis rencontre un ami sincère,
Tu seras content du chemin.

Un Dieu sous sa toute-puissance
Range la plupart des mortels,
Et pour lui rendre obéissance,
On vient en foule à ses autels :
Qu'un jour ce Dieu te soit prospère !
Allant au temple de l'Hymen,
Puisses-tu, comme a fait ton père,
Du bonheur trouver le chemin !

Si par une force secrète,
Poussé loin du commun sentier,
Orateur, guerrier ou poète,
Tu peux cueillir un beau laurier ;
Tout fier de ton nom populaire,
Nous dirons : « Ce petit Paulin
Que nous menions à la lisière,
Oh ! comme il a fait du chemin ! »

Voyage dans la Lune.

Air : *Du Vilain.*

D'aériens vélocifères,
Nouvelle spéculation,
Pour tous les mondes planétaires
Sont établis par action....
Pour un badaud bonne fortune,
J'ai passé le dernier quartier
Dans le royaume de la lune....
Ah ! quel royaume singulier,
 Oui singulier,
 Très-singulier.

Là très-peu de magnificence,
On y trouve à peine un palais,
Et le roi n'est pas comme en France
Suivi d'un peuple de valets....
Là point de brillant attelage ;
Au pays suffit un sellier :
Le mérite a seul équipage....
Ah ! quel royaume singulier,
 Oui singulier,
 Très-singulier.

Jamais dans la place publique
On ne court après un jongleur,
Et jamais niais politique
Ne suit un charlatan hâbleur....
Nul sans réfléchir n'y végète :
Aucun marchand, aucun rentier,
Pour penser n'attend sa gazette....
Ah ! quel royaume singulier,
    Oui singulier,
    Très-singulier.

Commis, grands seigneurs et poètes,
Ne vont jamais en se levant
Regarder toutes les girouettes,
Pour s'assurer d'où vient le vent....
Quand leur idole est abattue,
Ils ne vont point déifier
Celui qui brisa la statue....
Ah ! quel royaume singulier,
    Oui singulier,
    Très-singulier.

Là jamais tirant de sa poche
Quatre placets sur beau vélin,
D'une excellence ne s'approche
Un député, vieux patelin....
A la tribune, sa harangue
N'est point un discours d'écolier,

Il respecte toujours la langue....
Ah! quel royaume singulier,
   Oui singulier,
   Très-singulier.

A n'outrer rien chacun travaille,
Depuis les tailleurs jusqu'aux rois!
On fait les habits à la taille,
D'après les mœurs on fait les lois :
La Lune, sans cette méthode,
Pourrait bien à chaque quartier
Changer et de Charte et de mode....
Ah! quel royaume singulier,
   Oui singulier,
   Très-singulier.

Le Député.

(Octobre 1830.)

Air : *De la Colonne.*

VINGT factions de nouveau se provoquent :
Et dans les airs agitent leurs drapeaux :
Malheur à nous si les partis se choquent!
La liberté veut l'ordre et le repos....

Fondant sur toi notre juste espérance,
Nous t'envoyons au secours de l'État :
    Fidèle à ton noble mandat,
    Marche, Député de la France.

Tu vas jurer le maintien de la Charte,
Et c'est un cercle où t'enferme la loi :
Séditieux ou vil qui s'en écarte....
Mais ton serment sera sacré pour toi :
A qui voudrait sonder ta conscience,
Montre la Charte et dis : « Mon code est là :
    Rien en deçà, rien au delà
    Pour le Député de la France. »

Autour de nous regarde : tout fermente ;
Observe-toi : songe, orateur sensé,
Qu'un paradoxe en ces jours de tourmente
Est un brandon aux factieux lancé....
Tu pleurerais ta brillante éloquence ;
De ton pays compromettant le sort,
    Ne sois pas philantrope à tort,
    Sois le Député de la France.

Tu n'iras point pour un honteux salaire
Au char royal lâchement t'enchaîner,
Ou plat valet du parti populaire
Servilement sur ses pas te traîner....
On a compté sur ton indépendance :
Ou peuple ou roi, n'importe le tyran,

N'en sois jamais le courtisan,
Sois le Député de la France.

Si des félons que ta voix importune,
Voulaient un jour du Forum t'arracher,
La Charte en main, debout à la tribune,
Sans t'émouvoir vois l'orage approcher....
Soldat des lois, combats pour leur défense,
Et menacé du poignard assassin,
  Réponds en découvrant ton sein :
  « Je suis Député de la France. »

Si tu tombais frappé d'un coup funeste,
A ta rencontre iraient Jordan et Foy
Pour t'introduire au Panthéon céleste,
Et là d'Anglas se lève devant toi....
Divinisé par la reconnaissance,
Ton nom fameux des ans serait vainqueur,
  Et nos fils rediraient en chœur :
  « Gloire au Député de la France ! »

L'Hiver.

Air : *De Lantara.*

Amis, bon feu dans notre chambre,
Un froid piquant règne dans l'air :
Octobre est chassé par novembre :
A grands pas s'approche l'hiver....
Je vous entends à l'envi le maudire,
Mais nul de vous n'arrêtera son cours ;
Souffrez-le donc, et, s'il faut vous le dire,
    L'hiver encore à de beaux jours.

    Souhaiter un printemps qui dure,
    N'est point raisonner son désir ;
    Tout est sage dans la nature :
    Sans contraste point de plaisir.
Je haïrais sa brillante jeunesse,
Si dans nos champs Mai fleurissait toujours :
Blanc de frimas que Janvier reparaisse!
    L'hiver encore a de beaux jours.

    Déjà dans le bois solitaire
    Meurt le chant des derniers oiseaux;

La neige va couvrir la terre ,
Et la glace enchaîner les eaux :
Deuil solennel !.... La nature muette
Est une reine en funèbres atours ;
Jettez sur elle un regard de poète :
 L'hiver encore a de beaux jours.

Dans un sombre temps de froidure
 Que le soleil victorieux
Enfin perce la nue obscure ,
 On l'accueille d'un cri joyeux ;
C'est un ami que l'on voit reparaître :
Autour de nous par son heureux secours
Tout semble alors subitement renaître.
 L'hiver encore a de beaux jours.

Un Dieu que le printemps exile ,
 Le vermeil et joyeux Comus
Rentre dans son premier asyle :
 La nappe est mise par Momus....
Pétillez donc, vins de France et de Grèce !
Courez, bons mots, courez, malins discours,
Et répétons dans une aimable ivresse :
 « L'hiver encore a de beaux jours. »

Mais, silence ! trop gais convives ;
 D'un pauvre par l'âge cassé
J'entends les prières plaintives :
 Il est nu sous un ciel glacé....

Ah ! du trépas il peut être la proie :
Mes bons amis, venez à son secours,
Et vous direz, pleins d'une douce joie :
« L'hiver encore a de beaux jours. »

Couché sur la neige sanglante,
Dans Austerlitz un vieux soldat
Triste accusait la mort trop lente :
Il doutait d'un heureux combat....
Mais réveillé par un hymne de gloire,
Il a vu fuir cosaques et pandours :
« Je meurs, dit-il, dans un jour de victoire :
L'hiver encore a de beaux jours. »

Les Bottes.

Air : *Du Vaudeville des Visitandines.*

La botte, autrefois peu commune,
Remplace à présent le soulier ;
D'où vient sa subite fortune ?
Son usage est plus journalier ;
Couvrant tout le pied, dans la crotte
Elle est d'un merveilleux secours :
Et tant de gens y sont toujours !
Comment feraient-ils donc sans botte.

Au Français le dieu de la guerre
A fait voir différens climats ;
Dans Moscou, Madrid et le Caire
La Victoire a guidé ses pas....
Des Alpes, nos compatriotes
Vingt fois ont franchi le rempart,
Et les rochers du Saint-Bernard
Gardent l'empreinte de leurs bottes.

Certains pères de la patrie
Vendaient pour trente mille francs,
Des lois et de la flatterie
Au plus fameux des conquérans....
A sa place, malin despote,
Les voyant toujours à mes pieds,
J'aurais à ces stipendiés
Pour président donné ma botte.

Mais son étoile l'abandonne :
Sous vingt rois ligués il fléchit ;
Chacun dépeçant sa couronne,
De ses dépouilles s'enrichit....
D'une vanité des plus sottes
Se gonfle alors maint roitelet :
On croit voir le Petit Poucet
Qui de l'Ogre a chaussé les bottes.

Un fort gras munitionnaire
Qui fit maigrir bien des soldats,

Voulait la semaine dernière
Respirer l'air des Pays-Bas :
La Justice a sur lui des notes;
Reconnu, vainement il fuit :
Échappe-t-on à qui vous suit
Avec tant de foin dans ses bottes?

Un jour en se bottant Pancrace....
Maudit rimeur, te tairas-tu?
— Encore un couplet! — Point de grâce!
Du refrain je suis rebattu....
Trouver que ma chanson est sotte,
C'est fort... Mais assez sur ce point,
Je cède, et l'on ne dira point :
« Il querelle à propos de botte. »

Mont-Louis.

AIR : *Du Vaudeville de Décence.*

Si je voulais, professeur de morale,
Dans ma retraite en faire un cours,
Je n'aurais point de chaire doctorale,
Je serais sobre de discours;
Mais ouvrant mon observatoire
D'où l'on voit le champ du trépas :

« Mes bons amis, dirais-je à l'auditoire,
Regardez bien, Mont-Louis est là bas. »

Vous, qui passez une trop courte vie
   A courir après la grandeur;
Vous, qu'un rival rend malades d'envie
   Par son éphémère splendeur;
   Vous, qui pour de folles querelles
   A vos amis fermez les bras;
Vous, qui jurez des haines immortelles :
Regardez bien, Mont-Louis est là bas.

Vous, insensés dont l'aveugle furie
   Menace encore notre repos,
Devriez-vous dans la même patrie
   Vous partager sous vingt drapeaux?
   Tous bientôt un lieu vous rassemble
   Où finiront ces vains débats :
D'un long sommeil vous dormirez ensemble :
Regardez bien, Mont-Louis est là bas.

Heureux mortels, nourris dans l'opulence,
   Qui toujours marchez sur des fleurs,
Prêtez l'oreille aux cris de souffrance :
   Chemin faisant, séchez des pleurs.
   L'or qu'on garde est un lourd bagage;
   L'or bien semé ne se perd pas;
Il nous profite au terme du voyage :
Regardez bien, Mont-Louis est là bas.

Fils de Momus, reprenez votre lyre,
  Faites la guerre au noir chagrin,
Et retrouvant un aimable délire,
  Entonnez un joyeux refrain;
  Que la table aujourd'hui dressée
  Vous offre encore un gai repas!
Car si demain elle était renversée....
Regardez bien, Mont-Louis est là bas.

A MON CAMARADE

Camille de Montalivet.

(Novembre 1830.)

Air : *Du Vaudeville des Chevilles.*

Après douze ans, salut, mon cher Camille !
Te souvient-il qu'une docte prison
De notre vie a sous la même grille
Vu s'écouler la première saison?
La grille ouverte on s'est dit : Bon voyage!...
Sans rien trouver, j'ai marché devant moi :
Fortune, honneurs étaient sur ton passage,
Et te voilà le ministre du roi !

Notre vaisseau qu'on livre à ta jeunesse
Penche battu par des vents opposés :
Le redressant, navigue avec adresse
Entre deux bords d'écueils tout hérissés.
Si la tempête accroit sa violence,
Vois le péril, mais vois le sans effroi :
Car fermeté, sagesse et vigilance,
Sont les vertus d'un ministre du roi.

Comblant enfin notre juste espérance,
Donne des lois qui conviennent aux mœurs;
Mais ne prends pas pour le vœu de la France
De vains discours ou de folles clameurs...
Ne point rêver de fausse théorie,
Observer tout et tout juger par soi,
Étudier son siècle et sa patrie,
C'est le devoir d'un ministre du roi.

Rends par tes soins notre sol plus fertile,
De l'industrie anime les travaux;
Dans nos cités protège un luxe utile,
A l'ignorance arrache nos hameaux :
De l'or public c'est le meilleur usage;
Seul, un vandale en blâmerait l'emploi,
Et c'est ainsi qu'aux yeux de l'homme sage
Est économe un ministre du roi.

Tu dois t'attendre à l'insulte banale
Des pamphletiers attachés à tes pas :

Les malheureux, ils vivent de scandale !
A leur répondre on ne s'abaisse pas....
Mais, si l'outrage, aux regards de la France,
De la tribune était lancé sur toi,
Déploie alors, en repoussant l'offense,
La dignité d'un ministre du roi.

Mais, si ce prince, à lui-même contraire,
Veut, comme l'autre, étendant son pouvoir,
Mettre à nos droits une borne arbitraire,
Tu sais, ami, quel sera ton devoir :
Tu lui diras : « A vos projets souscrire
Serait vous perdre et violer ma foi :
Contre l'État qu'un autre ici conspire,
Je ne suis plus le ministre du roi. »

Napoléon.

AIR : *Des Comédiens.*

O TOI, qui dors sous le ciel de l'Afrique,
Et qui, vivant, connus tous les destins,
Grande à jamais, ta figure homérique
Apparaîtra dans les siècles lointains !

3

Tu vins : la nuit obscurcissait la France :
Un jour brillant luit soudain à ta voix ;
Tu mis un terme à sa longue souffrance :
Tu lui rendis culte, mœurs, arts et lois.

Encor bien jeune à quels exploits rapides
Tu fis voler ton coursier vagabond !
Nous l'avons vu d'Arcole aux Pyramides,
Du Nil au Pô te porter en un bond.

Courant l'Europe, en des lots arbitraires
Tu partageas vingt États différens ;
Et tu jetais des sceptres à tes frères,
De ton grand drame inactifs figurans.

Là tu tendais ta main victorieuse
Pour relever le descendant des Czars ;
Et là du doigt pour ta couche orgueilleuse
Tu désignais la fille des Césars.

Mais tout entier à ta folle manie,
Tu dépeuplas ton pays décimé ;
Mais à la fraude abaissant ton génie,
Tu fus souvent Machiavel armé.

Dans tes succès on a pu te maudire,
Dans tes revers qui ne t'admire pas,
Quand pied à pied disputant ton empire
Pour un hameau tu livres dix combats ?

O toi, qui dors sous le ciel de l'Afrique,
Et qui, vivant, connus tous les destins :
Grande à jamais, ta figure homérique
Apparaîtra dans les siècles lointains.

L'heure a sonné : tu fus roi par la guerre,
Elle t'enlève un trône glorieux ;
Et l'aigle au ciel reporte le tonnerre
Que pour un temps t'avaient prêté les dieux,

Vainqueurs enfin, quel abus tyrannique
Vingt rois ont fait d'un triomphe insolent !
Offert en proie au vautour Britannique
Te voilà nu sur un rocher brûlant !

Un lustre entier, là, quels maux, quels outrages !
Tu n'ignoras nul genre de douleur....
Mais là ta vie a ses plus belles pages :
Tu fus alors grand comme ton malheur.

Quand nous l'outrons il n'est plus d'héroïsme.
A tes tourmens tu ne souriais pas :
Sans lâche plainte et sans faux stoïcisme,
Les bras croisés, tu vis ton lent trépas.

Dans ta grandeur tu n'avais pu confondre
Des fiers Anglais l'orgueil injurieux :
Tu les flétris, captif, plus que si Londres
Eût vu rouler ton char victorieux.

Leur déshonneur vivra comme ta gloire :
Ils sont chargés de la mort d'un héros ;
Et l'univers répète avec l'histoire :
« Honte éternelle à ces lâches bourreaux ! »

O toi, qui dors sous le ciel de l'Afrique,
Et qui, vivant, connus tous les destins ;
Grande à jamais, ta figure homérique
Apparaîtra dans les siècles lontains.

Les Bulles de Savon.

Air : *Pégase, etc.*

Un jeu qui paraît bien futile
Aida Newton dans ses travaux :
Il peut encor nous être utile
Pour des rapprochemens nouveaux....
Que ce jeu partout en usage
A chacun offre une leçon :
Hommes de tout rang, de tout âge,
Faites des bulles de savon.

En voyant ces sphères légères
Soudain varier leurs couleurs,

Rois, pensez à vos mercenaires
Toujours prêts à changer les leurs :
Sur le droit chez eux point de thèse !
Ils sont à qui tient la maison;
Pour voir combien leur serment pèse,
Faites des bulles de savon.

Conquérans, il faut que la gloire
Soit utile à l'humanité.
Grands seulement par la victoire,
La vôtre est sans stabilité :
Vous perdez par une disgrâce
Le prestige d'un vain renom.
Voulez-vous voir comme il s'efface ?
Faites des bulles de savon.

Vous, qui vous tourmentant pour vivre,
Sans jouir amassez toujours,
Dieu vous a-t-il dans son grand livre
Montré la somme de vos jours?
La vie échappe, et l'homme encore
N'en avait pas eu de soupçon.
Pour voir comme elle s'évapore,
Faites des bulles de savon.

Un pape, en des temps ridicules,
Régnait sur le monde abusé :

Qui craindrait aujourd'hui des bulles
Que fulmine un pouvoir usé?
De vos foudres puisqu'on se raille,
N'en lancez plus, Sixte ou Léon.
Ce sont des chalumeaux de paille...
Faites des bulles de savon.

Quoi! six heures, et moi je rime,
Quand le couvert est déjà mis!...
On sert : manger froid c'est un crime :
A table, à table, mes amis!
De l'Aï je vois les globules
Qui s'agitent dans leur prison :
Pour philosopher sur ces bulles
Laissons là celles de savon.

Les Banquets Patriotiques.

AIR : *Nous n'avons qu'un temps à vivre.*

LES banquets patriotiques
En France ont repris leur cours :
Pour les libertés publiques
Ils sont d'un merveilleux secours.

L'égalité sonne la cloche,
 Et, moyennant quinze francs,
A la même table rapproche,
 Tous les âges, tous les rangs.
  Les banquets, etc.

Par instinct près d'un homme en place
 Là, s'assied un costumier;
Un marchand droguiste est en face
 D'un apprenti gazetier.
  Les banquets, etc.

Je vois Paul dont le talent brille
 A fêter le saint nouveau :
Il a trinqué pour la Bastille
 Et pour le Trocadero.
  Les banquets, etc.

Quittant son orgueil intraitable,
 Pour le reprendre demain,
Par ordre du ministre affable,
 Fiercourt me donne la main.
  Les banquets, etc.

Voici paraître le potage
 Avec des plats rhabillés,
Avec des vins dans leur jeune âge
 Perfidement travaillés.
  Les banquets, etc.

D'abord, les yeux sur son assiette,
On mange avec gravité :
On croit voir à table une Diète
Dans toute sa dignité.
Les banquets, etc.

Mais la Liberté désavoue
Un silence continu :
Bientôt, chacun parlant, on joue
Au propos interrompu.
Les banquets, etc.

« Fêtons le jour qui nous rassemble,
Tous nos droits sont reconquis :
Mais Charles dix, que vous en semble?...
— Quel dindon! il est exquis! »
Les banquets, etc.

« Oh! des clubs, moi, je suis l'apôtre!
On nous les défend en vain :
Il faudra mettre un jour ou l'autre....
— Un peu d'eau dans votre vin. »
Les banquets, etc.

« Si l'ennemi sur la frontière
En armes se rassemblait,
Je dirais d'une voix guerrière...
— Cette poire, s'il vous plaît! »
Les banquets, etc.

Alors un chanteur patriote
  Sur une chaise monté,
Entonne, en écorchant la note,
  Un hymne à la Liberté.
      Les banquets, etc.

Un autre fait une préface
  Pour un toast qui n'est pas clair,
Puis, quand sa langue s'embarrasse,
  Reste court, le verre en l'air.
      Les banquets, etc.

Ensuite on boit à la patrie,
  On boit au roi des Français,
On boit aux arts, à l'industrie,
  On boit à tous nos succès.
      Les banquets, etc.

Plus d'un a la tête pesante,
  N'importe, on s'en va content;
Et touchant la carte payante
  Le traiteur dit en chantant :
  « Les banquets patriotiques
  En France ont repris leur cours :
  Pour les cuisines publiques
Ils sont d'un merveilleux secours. »

Les Étrennes.

(Décembre 1830.)

Air : *Du Vaudeville du Chapitre second.*

Quand à Rome l'année ouvrait
Sous Janus au double visage,
A son patron chacun offrait
Des dons consacrés par l'usage :
Phébus, toi, que j'ai fait le mien,
Six couplets vont payer tes peines ;
Les temps sont durs, tu le sais bien :
Contente-toi de ces étrennes.

Que le roi change tous les ans,
Qu'il se nomme Charles ou Philippe,
Demander pour nos courtisans
Est un immuable principe :
Pour eux tous les mois sont janvier.
Tendant la main, les poches pleines,
En juin on les entend crier :
« Sire, donnez-nous nos étrennes ! »

S'il se trouve un roi citoyen,
A sa foi, par hasard, fidèle,

Des droits de tous égal soutien,
Quel beau jour pour ce roi-modèle !
Il a sa part dans les souhaits
Des provinces les plus lointaines,
Et les vœux de tous les sujets
D'un prince sont les étrennes.

Quant au monarque déloyal
Qu'on vit, parjure absolutiste,
Briser le pacte social,
Pour lui combien ce jour est triste !
Contre quel sort échange-t-il
L'éclat des pompes souveraines !
La honte et le pain de l'exil,
Voilà quelles sont ses étrennes !

Ultras de toutes les couleurs,
Au nouvel an plus de querelles !
Nous épargnant d'autres malheurs,
Joignez tous vos mains fraternelles :
Que l'État long-temps agité
Ait enfin des bases certaines !
La paix et la légalité,
Pour la France quelles étrennes !

Guillaume peut-être ou François,
Dans son orgueilleuse imprudence,
Oublieux de nos vieux exploits,
Menace notre indépendance...

En avant donc, braves conscrits,
De Jemmapes voilà les plaines !
Anvers et Mayence repris
Nous seront donnés pour étrennes.

La Fève.

Air : *De Préville.*

Oui, je suis roi, la fève ainsi l'ordonne...
Que dis-je, amis? elle l'ordonne en vain :
Sans votre aveu puis-je avoir la couronne,
Car maintenant le peuple est souverain?...
Mais à l'envi, par des cris unanimes
Vous dissipez un doute inquiétant :
Aux yeux de tous mes droits sont légitimes :
Quel roi jamais en pourra dire autant?

Que voulez-vous? un trône populaire?
Aimez-vous mieux le pouvoir absolu?
Je suis bon prince et jaloux de vous plaire :
Tout entre nous sera bientôt conclu....
Oui, de mon règne affichez le programme,
Et j'en serai l'observateur constant :
Contre la Charte avec moi point de trame!
Quel roi jamais en pourra dire autant?

De vingt Etats la paix est exilée;
Partout des cris pour des opinions,
Et de l'Enfer la Discorde appelée
Sourit, sanglante, au choc des factions...
Des ris joyeux, le tintement des verres,
C'est tout le bruit que chez moi l'on entend;
Mon peuple entier est un peuple de frères :
Quel roi jamais en pourra dire autant?

Incessamment ma prudence attentive
Veille au bon ordre, utile à mes États;
Sur d'autres yeux ma vigilance active
Un seul moment ne s'en repose pas...
Pourquoi là-bas une truffe perdue?
Passez-la donc, ma fourchette l'attend...
Vous l'avouerez, rien n'échappe à ma vue :
Quel roi jamais en pourra dire autant?

Fort peu jaloux d'un renom illusoire,
Je laisse en paix le Russe, le Germain,
Et ne veux pas, égaré par la gloire
Poursuivre au loin un triomphe inhumain.
A mille exploits qu'est-ce qu'un pays gagne?
Le sang du peuple en est le prix coûtant :
Moi, je ne fais couler que le champagne...
Quel roi jamais en pourra dire autant?

Eh quoi! déjà l'on se lève de table!
Adieu, grandeur! je n'ai plus de sujets,

Mais je puis dire à l'histoire équitable :
« J'ai gouverné sans ministre et budgets :
J'avais un sceptre et n'ai blessé personne ;
Libre de soins, je régnais en chantant ;
Je chantais même en quittant la couronne :
Quel roi jamais en pourra dire autant? »

A Mademoiselle C. D.

AIR : *J'ai vu partout dans mes Voyages.*

Tu le veux, petite cousine,
Pour ton Album il faut rimer ;
A ce mot seul, je l'imagine,
Plus d'un Caton va me blâmer :
« Dans une crise politique
De son temps faire un tel emploi!... »
Mais peu m'importe leur critique,
Tu le veux, te plaire est ma loi.

A de tendres parens bien chère,
Tu rêves un doux avenir ;
L'horizon de l'Europe entière
Paraît en vain se rembrunir :
A tes yeux toujours sans nuages,
Le ciel te fait croire au beau temps :

Est-ce que l'on songe aux orages
Quand on entre dans le printemps?

De ton bon cœur, de ta franchise
On fait l'éloge mérité ;
Qu'en oubli jamais ne soit mise
Ton aimable simplicité.
L'art approche de l'imposture ;
Le tien est de n'en pas avoir :
Oui, laisse faire à la nature,
Et tu plairas sans le savoir.

Voilà mon offrande mesquine,
Pour ton Album triste ornement.
Il pourrait, petite cousine,
Être embelli bien autrement :
Sais-tu donc ce qu'il faudrait faire?
Rejetant ces méchans couplets,
Présente au pinceau de ta mère
La page que tu leur gardais.

Le Vieillard.

Air : *Contentons-nous d'une simple Bouteille.*

Riche des fruits d'une lente sagesse
Qui n'a mûri qu'après bien des soleils,
Je viens à vous qui brillez de jeunesse
En cheveux blancs vous donner des conseils :
Je veux ce soir vous être encore utile,
Car je pourrais demain dormir bien tard ;
Me prêtant donc une oreille docile
Souvenez-vous des leçons du vieillard.

Je ne veux pas dans votre cœur éteindre
Tout amour-propre et toute ambition ;
L'homme automate à mes yeux est à plaindre ;
C'est n'être plus qu'être sans passion...
Au doux plaisir j'aime qu'on sacrifie,
Quand la raison n'est pas mise à l'écart :
De tout un peu, c'est ma philosophie.
Souvenez-vous des leçons du vieillard.

Que la Gaîté, fille de l'Espérance,
Dans les revers soit encor sur vos pas :

Quand on chemine avec son assistance,
Sous la fortune on ne succombe pas...
Dans le bonheur jamais d'aveugle joie;
Du sort changeant faites toujours la part,
Et revêtus ou de bure ou de soie,
Souvenez-vous des leçons du vieillard.

Resserrez tous les liens de famille,
De bons parens sont nos premiers amis;
Que votre foi, que votre zèle brille,
Lorsqu'il faut rendre un service promis...
Aimez les arts, ces compagnons fidèles
Dont le secours ne manque nulle part,
Et cultivant les muses fraternelles,
Souvenez-vous des leçons du vieillard.

J'ai vu souvent les factions en armes;
Pour de grands mots qu'elles n'entendent pas;
Et l'étranger dans ces momens d'alarmes
Profite seul de leurs sanglans débats...
S'il se montrait, courez à la frontière
Où la patrie aura son étendard :
Vous séparant de toute autre bannière,
Souvenez-vous des leçons du vieillard.

Au grand festin où tout homme est convive,
Si des bienfaits ont payé votre écot,

Lorsqu'au dessert votre équipage arrive,
Avec regret l'on dira : « Quoi ! si tôt !... »
Dieu, songez-y, par un subit message,
Peut avancer le moment du départ,
Et toujours prêts à vous mettre en voyage,
Souvenez-vous des leçons du vieillard.